AF459357

ÈLOGE
CHRÈTIEN
DE MONSEIGNEUR
LOUIS DAUPHIN,
PRÈSENTÉ

A NOTRE SAINT PERE

LE PAPE

CLEMENT XIII.

A ROME,
Chez SALOMONI, Imprimeur, vis-à-vis l'Eglise de Saint Ignace.

Avec permission des Supérieurs.
M. DCC. LXVI.

A

NOTRE SAINT PERE
LE PAPE
CLEMENT XIII.

TRÉS-SAINT PERE,

L'HOMMAGE que je fais de cet Eloge à VOTRE SAINTETÉ *eſt un tribut de gratitude dont je m'acquitte pour ma Nation. En mettant ſous vos yeux le tableau raccourci de la vie & de la mort de notre Héros Chrétien, je n'ai voulu que publier votre douleur, & juſtifier la nôtre. Vous avez pleuré cet*

Enfant ſoumis, en Pere; daignez applaudir à ſes vertus en Pontife. Un ſi reſpectable ſuffrage ſera pour elles le ſceau de l'immortalité.

Je ſuis avec un très-profond reſpect,

TRÉS SAINT PERE,

DE VOTRE SAINTETÉ,

Le très-humble, très-obéiſſant
& très-ſoumis enfant & ſerviteur,
L'ABBÉ DE CAVEIRAC.

ÉLOGE
CHRÉTIEN
DE
MONSEIGNEUR
LOUIS DAUPHIN.

MESSIEURS,

TANDIS que la France en pleurs, & que l'Europe en deuil rendent hommage à la vertu; que les temples & les villes retentissent de cris lugubres & de louanges, & que toutes les Nations oubliant leurs jalousies, se réunissent pour ne former qu'un chœur de regrets, sur la perte que l'humanité & la Religion ont faite, la patrie commune des Chrétiens seroit-elle la seule qui ne témoigneroit pas sa douleur par ses éloges ? O Rome ! c'est de votre suffrage que la vertu a toujours reçu le sceau de l'immortalité : Vos Citoyens donnoient autrefois des couronnes périssables qui durent encore, & vos Pontifes en donnent aujourd'hui d'éternelles ; faites donc que l'on prête l'oreille à ma voix, & que l'on juge si le Héros Chrétien que nous pleurons, n'est pas plus digne d'admiration & d'envie que de larmes. Il a peu vécu, & cependant *il a rempli la course d'une très-longue vie*. C'est ainsi que l'Esprit-Saint loue celui qui a aimé la sagesse dès ses jeunes ans : c'est aussi l'éloge que je consacre à la mémoire de TRE'S-HAUT, TRE'S-PUISSANT & TRE'S-EXCELLENT PRINCE LOUIS DAUPHIN.

Eh ! ne croyez pas, Messieurs, que pour louer ce Héros Chrétien, j'emprunte le langage de l'adulation : je craindrois que ses cendres, si elles étoient encore sensibles, ne se troublassent à ma voix, & qu'un cri sorti de la tombe où elles reposent, ne vînt me reprocher d'avoir oublié qu'il n'a jamais aimé la flatterie. Laissons ces ressources du génie aux Orateurs qui ont des vices à cacher, des défauts à pallier, des vertus même à faire ressortir par le secours de l'art. Celles du Héros Chrétien que nous pleurons, ont moins besoin d'un coloris brillant pour vous frapper, que d'une sorte de voile pour ne vous point éblouir, & ne pas paroître incroyables : en les montrant à vos regards étonnés, telles que la France les a vues orner son tendre cœur presque dès le berceau, l'accompagner dans toutes les circonstances de sa vie, & descendre avec lui dans le tombeau, j'espére que dans un de ces transports d'admiration que la vertu excite, vous vous écrierez tous avec moi : LOUIS, malgré la briéveté de sa vie, avoit plus acquis de ces lumières qui apprennent à un Prince à commander aux hommes & à obéir à Dieu, que la plûpart des Rois qui ont le plus vieilli sur le trône.

Il a peu vécu; mais ce court espace de tems, ces années écoulées comme l'eau, ces jours qui ont passé comme l'ombre, employés sans relâche, & comme arrêtés dans leur course rapide par l'assiduité du travail, ont suffi à ce Prince pour le rendre digne des éloges de tous les Peuples, & de nos regrets éternels.

Mais pourquoi le ciel n'a-t-il fait que le montrer à la terre? Interrogez, Messieurs, la Sagesse divine, & elle vous répondra: LOUIS étoit un fruit mûr pour l'éternité; *c'est pourquoi le Seigneur s'est hâtè de l'enlever du milieu de l'iniquitè*.

Semblables aux fleurs des champs, qui, malgré la rosée céleste, sont souvent mois-

Consummatus in brevi explevit tempora multa .... propter hoc properavit Deus educere illum de medio iniquitatum. Eccles.

ſonnées par l'aquilon ou deſſéchées par le vent du midi, les vertus du Chrétien, ſemées dans ſon cœur comme en un vaſe fragile, riſquent toujours de ſe fâner, & même d'être déracinées par le ſouffle impétueux des tentations, ſi Dieu ne les met à l'abri, en les tranſplantant de bonne heure dans le Ciel. Ne ſoyez donc pas ſurpris, Meſſieurs, s'il n'a pas rendu LOUIS à nos vœux; s'il l'a refuſé à nos beſoins, à nos prières & à nos larmes: nous le lui demandions pour nous, & il l'a pris pour lui. C'eſt pour ſon ſalut éternel qu'il l'a enlevé de ce monde, où les occaſions ſont prochaines, les chûtes fréquentes, les exemples pernicieux: de ce monde où la vertu timide eſt forcée de ſe cacher, pour laiſſer la place au vice qui ſe montre avec audace: de ce monde où l'on ne connoît preſque plus ni les liens du ſang, ni les droits de l'amitié, ni les loix de la ſubordination, ni les devoirs de la dépendance: de ce monde où une fauſſe ſageſſe, élevant ſa voix plus haut que celle de l'Egliſe, oſe traiter impunément, la foi de crédulité, l'eſpérance de chimère, la charité d'abus: de ce monde où une raiſon aveugle, follement irritée contre l'eſſence de Dieu, qui ſe refuſe à ſes foibles lumières, lui diſpute, lui enleve ſon éternité pour la donner à ſes ouvrages: de ce monde où plus la Providence ſe manifeſte tour-à-tour par ſes bienfaits & par ſes châtimens, & moins on veut la reconnoître; plus le bras de Dieu s'appéſantit ſur les hommes, & moins ils s'humilient ſous ſes coups: de ce monde enfin, que le Seigneur, juſtement courroucé, ſemble avoir déja abandonné aux miniſtres de ſa colere.

A la vue des différens écueils dont ce monde eſt parſemé, ô vous qui ſouvent n'évitez celui vers lequel le vent des tentations vous pouſſe, que pour vous aller briſer contre un autre où les flots des paſſions vous jettent, pleurez ſur vous, & non ſur les cendres de mon Héros Chrétien : ni les connoiſſances les plus profondes, ni les vertus les plus ſociales ne vous ſerviront de rien, ſi vous n'imitez LOUIS dans l'uſage qu'il a fait des ſiennes. Sa vie, modélée ſur celle du parfait Chrétien, a été une leçon continuelle pour les petits & pour les grands, pour les époux & les amis, pour les enfans & les peres, pour les ſujets & les Rois.

O LOUIS ! que votre modeſtie, ſi connue des François, ne ſouffre point de ce que je vais révéler aux Romains ; je veux moins vous donner des louanges, qu'apprendre aux grands de la terre à en mériter ; mais quelles ſont ces louanges que je deſtine à ce Héros ! N'attendez pas, Meſſieurs, que je vous le repréſente comme ces Conquérans qui ne ſe couvrent de gloire qu'en ſe ſouillant de ſang ; qui ne cueillent des lauriers qu'en ravageant des moiſſons ; qui ne s'érigent des trophées que ſur les ruines de l'humanité, & ne ſubjuguent les nations qu'après les avoir détruites. Eh ! à quoi aboutiſſent tant de valeur & de travaux, de fatigues & de succès! à se rendre les maîtres d'un coin de la terre, qui ne célebre leurs victoires que par des gémissemens.

LOUIS a étendu bien plus loin ses conquêtes: il a triomphé du monde & de ses erreurs, du monde & de ses vices; & ce double triomphe n'a couté à la nature que les larmes que nous versons aujourd'hui sur le tombeau du Conquérant. Inutiles pour lui, fasse le ciel qu'elles ne soient pas stériles pour nous. Mettons donc nos pertes & nos pleurs à profit, en tâchant d'imiter LOUIS, qui, par sa foi, a confondu l'incrédulité du siécle, & par ses mœurs en a condamné la corruption.

O mon Dieu! qui voyez la douleur de la Nation françoise, s'il est un tems où votre grace puisse pénétrer avec succès tant d'ames desolées, c'est l'instant où les larmes ont comme amolli les cœurs les plus endurcis. Daignez donc donner à mon stile cette énergie, qui en peignant la vertu, sçait la faire aimer. Et toi, chere Patrie, pour qui je formerai toujours des vœux, puisse cet éloge, s'il parvient jamais jusqu'à toi, faire revivre dans tous les cœurs de tes enfans la simplicité de la foi & des mœurs de leurs peres.

PREMIERE PARTIE.

Vous concevez aisément, Messieurs, quelle dût être la joie des François à la naissance du DAUPHIN; il suffit de vous rapeller leur tendre amour pour l'auguste sang de leurs Maîtres : amour, qui en les distinguant des autres Peuples, mêle & confond leurs propres affections avec celles de leur Roi, pour ne faire de ce rare mêlange qu'une communauté de sentimens, & pour ainsi dire, une seule famille, dont le Monarque est le pere. LOUIS fut donc pour nous comme le lys des champs qui réjouit & embellit la nature. Ce désiré de la Nation avoit été long-tems l'objet de nos vœux, il fut bientôt après celui de nos délices, par les charmes naiſſans de toute ſa perſonne. N'attendez pas de moi, Meſſieurs, des détails ſur les graces dont l'Auteur de tous biens avoit pris plaiſir de l'orner; ſes traits nobles & gracieux, quoique préſents à ma mémoire, ſe graveroient mal dans la vôtre par la foibleſſe de mes expreſſions. Eh! comment pourrois-je vous peindre cette figure intéreſſante, où l'on voyoit reluire plus de vraie humanité que de fauſſe grandeur? Figure deſſinée par le doigt de Dieu, pour laiſſer percer à travers ſa délicateſſe, la beauté & l'excellence de l'ame du Dauphin: hélas! la nature en compoſant cette figure des traits les plus doux, ſans aucun mêlange de fierté, ſembloit nous avertir que ce Héros, qui a toujours regné dans nos cœurs, ne regneroit jamais ſur nos têtes.

Il reçut du ciel tous les talens; mais diſtinguant bientôt ceux qui ne ſont qu'aimables de ceux qui ſont utiles, il dédaigna les premiers ſans les négliger, pour cultiver les autres avec plus de ſoin, & les mettre, pour ainſi dire, à uſure. Grands de la terre, apprenez de LOUIS, le cas & l'uſage que vous devez faire des talens purement agréables; les uns donnés à l'homme pour rendre ſon corps agile, ne doivent pas ſervir à rendre ſon ame voluptueuſe; les autres faits pour délaſſer l'eſprit, ne doivent pas abſorber le cœur: LOUIS s'en occupa; mais en Héros, il les cultiva avec ſuccès; il les aima ſans attachement.

Ce Prince n'avoit pas encore atteint l'âge où finit d'ordinaire la première éducation des enfans de nos Rois, qu'il paſſa à une école plus ſérieuſe. C'eſt là que ſes talens, dont on avoit déja apperçu l'aurore, ſe développerent avec tant d'éclat, qu'ils étonnerent plus d'une fois ſes maîtres.

Parmi les perſonnes reſpectables auxquelles le Roi avoit confié ſon éducation, il en étoit une plus particulièrement chargée de l'instruire des vérités saintes. L'illustre Duchesse, dont les sages mains furent destinées à façonner cette terre vierge, y avoit déja jetté les premières semences de la Religion. Un saint Evêque, l'honneur & l'exemple de ses Confreres, en fit bientôt développer les germes, & le Prince les cultiva ensuite avec tant de soin & de succès, que ni la séduction des livres pernicieux, ni la contagion des mauvais exemples, ni les railleries des libertins, ni les paradoxes des mécréans, ni les sophismes des philosophes, ni les subtilités des hérétiques, ni les malheureuses disputes qui se sont élevées parmi nous, n'ont pu ébranler sa foi ni altérer sa Religion.

Tel est, Messieurs, l'heureux fruit d'une éducation chrétienne. O vous! que la Providence a placés auprès des enfans de LOUIS, pour perpétuer en eux les sentimens de Religion d'une longue suite d'ayeux, jettez à pleine main dans ces tendres cœurs les sémences des vérités éter-

éternelles ; dites-leur ſur-tout de bonne heure & ſouvent, comment leur pere les cultiva.

Les progrès ſurprenans qu'il avoit fait dans les Belles-Lettres furent d'abord comme la clef des hautes ſciences auxquelles il s'appliqua, ſans perdre de vue la ſcience de Dieu : il ſçavoit que l'intelligence de tous les myſtères de la nature ne ſert de rien à l'homme, s'il ne rapporte ſes connoiſſances à l'Auteur de la nature, s'il ne s'en ſert pour adorer ſes perfections ; ſi en meſurant les eſpaces immenſes de l'éthérée, ou en calculant la courſe rapide des aſtres, il ne s'écrie avec le Roi Prophête dans un tranſport d'admiration : * *Les cieux racontent à la terre la gloire de Dieu, & le firmament annonce ſes ouvrages.*

Mais où m'emporte mon ſujet ? Trop plein de ſa grandeur, je courois vers l'objet le plus intéreſſant, ſans ſonger qu'on

* *Cœli enarrant gloriam Dei & opera manuum ejus annuntiat firmamentum.* Pſal. 18. v. 1.

n'arrive aux connoiſſances ſublimes de la Religion que par degrés. Arrêtons-nous donc quelques inſtans à admirer les progrès que le DAUPHIN fit dans les ſciences profanes ; ils nous conduiront naturellement à ceux qu'il fit dans la ſcience de Dieu.

Le ſoin de ſes études avoit eté confié à des hommes qui en ſçavoient infiniment plus qu'on n'en apprend d'ordinaire aux Princes ; mais ils n'en ſçavoient pas aſſez pour celui-ci qui vouloit tout ſçavoir, où plutôt ils étoient étonnés de trouver en lui une facilité qui preſſoit toujours & devançoit ſouvent leurs leçons.

A peine lui eut-on enſeigné les premiers élémens des langues anciennes, qu'elles lui devinrent plus familières qu'à ſes maîtres ; Poëtes, Orateurs, Hiſtoriens, Philoſophes Grecs & Latins, rien ne l'arrêta dans la carrière que ſon génie lui avoit ouverte, & où ſon goût le faiſoit courir avec rapidité.

C'eſt dans les Poëtes qu'il prit cette

amenité qui le rendoit ſi aimable, il en ſuccça le miel & ne toucha pas au poiſon. Les Orateurs formerent le ſtyle noble, éloquent & concis qu'on admiroit dans ſes converſations, dans ſes lettres & ſur tout dans les Conſeils du Roi. La lecture des Hiſtoriens orna ſon eſprit, & celle des Philoſophes perfectionna ſa raiſon.

Perſonne ne fut mieux inſtruit que lui de l'origine, de l'étendue & des révolutions des Empires, des intérêts des Princes, des loix & des uſages des Nations, des races illuſtres, des ſyſtêmes & des ouvrages nouveaux, des querelles même & des petites guerres inteſtines de la république des Lettres : en un mot, de tout ce que l'on peut déſirer d'un homme véritablement ſçavant, & qu'on ne doit ni attendre ni exiger d'un Prince. Eh ! combien d'hommages ſon auguſte Pere n'a-t-il pas rendu aux connoiſſances hiſtoriques ou littéraires de ce Fils? Pere tendre, & infortuné, dont ce cher enſant ne faiſoit pas moins la gloire que les délices : vous qui vous plaiſiez à lui propoſer des doutes , qui triomphiez pour lui de la ſageſſe & de la préciſion de ſes réponſes à vos difficultés ; vous qui tant de fois avez déſiré ſa préſence , pour reſoudre celles qui ſe formoient dans vos entretiens familiers avec vos courtiſans ; Hélas ! vous pourrez dire à préſent mieux que jamais , & pour toujours : SI MON FILS ETOIT ICI ... N'arrêtons pas plus long-tems la vue , Meſſieurs , ſur ce premier tableau attendriſſant ; vous n'auriez pas plus la force de m'écouter , que moi celle de me faire entendre ; & ce que nous donnerions à la juſte compaſſion qu'inſpire le Pere , nous le déroberions à la gloire du Fils.

Je vous l'ai déja montré comme un prodige de ſcience , & ce portrait n'eſt point exagéré ; un cri général de ma Nation l'atteſte ; mais vous ne vous imaginez pas ſans doute que LOUIS ait acquis tant de connoiſſances dans le court eſpace de ſon éducation : il n' apprit, en effet, que l' art d' étudier ; il le mit en pratique dès qu' il devint le maître de ſes études, & il y employa vingt ans. Si ce travail aſſidu ne vous étonne pas aſſez dans un Prince, transportez - vous, Meſſieurs, en eſprit dans la Cour la plus brillante de l' Europe : Cour agréablement tumultueuſe par l' affluence de ceux qui y abordent, & toujours agitée par les intrigues de ceux qui l' habitent : Cour où les hommages des Courtiſans ſont ſouvent importuns ; où leurs paſſions deviennent quelquefois malgré nous, les nôtres ; où les diſſipations permiſes ſont preſqu' indiſpenſables, & où les plaiſirs variés s' offrent d'eux-mêmes à ceux qui veulent les goûter. C' eſt-là que l' héritier préſomptif de ce floriſſant Royaume vivoit en Philoſophe Chrétien : c' eſt - là que ſemblable à ce célébre Géometre * de l' antiquité, qui, au milieu d' une ville inveſtie **, cherchoit tranquillement la ſolution d' un pro-

* Archimede. ** Syracuſe.

blême, ſans être détourné de ſes calculs ni par le bruit des aſſiégeans, ni par les allarmes des aſſiégés, le DAUPHIN s'appliquoit à connoître la nature, l'humanité & ſoi-même; la nature, pour s'élever par les créatures juſqu'au pied du trône du Créateur; l'humanité, pour s'égaler au reſte des hommes; ſoi-même, pour mieux ſentir le néant de ſon être.

Monarques & Souverains, qui tenez de votre noble origine ce que les premiers de vos ancêtres qui ont regné, tenoient de leur valeur ou de l'accord des peuples, ſongez quelquefois que vous êtes des hommes, & vous ſerez pour nous comme des Dieux. Ce n'eſt en effet, Meſſieurs, que par un retour ſur ſoi-même, qu'un Prince, au faîte de la grandeur & au ſein de l'opulence, peut parvenir à commander à l'orgueil, à obéir à la raiſon, à être humain & juſte; mais lorſqu'il a rempli ces grands devoirs de la royauté, il ne lui reſte rien à faire pour porter la couronne avec éclat, & en mériter une éternelle.

Ce n'etoit donc pas moins pour vous que pour nous, Prince, que vous méditiez ſur le néant des choſes : mais ne croyez pas que le DAUPHIN ne cherchât que dans ſon cœur les principes des devoirs de Prince & de Chrétien ; s'il en trouvoit les preuves dans ſa propre foibleſſe, il ne les trouvoit pas moins dans les égaremens de l'eſprit humain : il les trouva encore, preſque ſans les chercher, dans l'étude de ces ſciences, dont la vanité de l'homme s'eſt ſervie plus d'une fois pour affoiblir ces mêmes preuves. Oſons, Meſſieurs, pénétrer en eſprit dans le lieu retiré où ce Philoſophe Chrétien, ſe dérobant à une Cour importune ou à des amuſemens frivoles, ſe livroit tout entier au travail. C'eſt dans ce ſanctuaire des ſciences, où chacune avoit, pour ainſi dire, ſon autel, qu'il leur rendoit tour-à-tour une ſorte de culte profane, pour en tirer le motif indiſpenſable d'un culte religieux. C'eſt-là que meſurant les diſtances immenſes que l' Auteur de l' univers a miſes entre le ciel & la terre, le DAUPHIN concevoit que l' immenſité de cet Etre ſuprême devoit être infinie : c' eſt-là que calculant tous les tems poſſibles, il s' effrayoit à la vue de l'éternité qui n' a point de tems : c' eſt-là que dérobant avec plaiſir quelques ſecrets à la nature, cette ſenſation agréable lui donnoit une idée de la félicité des Bienheureux, qui voient ſans effort & ſans deſir, ſans interruption & ſans ſatiété, la beauté & l' excellence des ouvrages de Dieu dans Dieu même.

O LOUIS ! vous aimiez trop ceux qui vous pleurent, pour ne pas faire entrer dans vos études les moyens de les rendre heureux ; mais vous ne croyiez pas que la Religion dût être le prix de ces avantages. Bien différent de ces hommes à ſiſtêmes qui ne ſçavent peupler un Etat qu' en dépeuplant les cloîtres, cultiver nos campagnes qu' en devaſtant nos temples, faire fleurir le commerce qu' en qu' en fomentant le luxe, enfant de la mollesse & pere de la corruption ; le DAUPHIN subordonnoit tous ces avantages à la Religion : selon ce sage Chrétien, le trône ne pouvoit trouver sa sûreté & sa gloire dans la multitude du peuple, qu' autant qu' un même nœud attacheroit cette multitude au Trône & à l'Autel. L'Agriculture ne devoit couter à la Religion ni larmes ni soupirs, ni festivité ni Levites ; & le Commerce qui enrichit une nation, ne devoit pas en appauvrir les mœurs. Voilà, Messieurs, comment LOUIS étudioit la Religion pour nous : dans des projets de population, d' agriculture & de commerce, il ne l' y cherchoit pas ; mais il n' y vouloit rien trouver de contraire aux intérêts de Dieu ; & pour peu que les moyens proposés donnassent atteinte à la Religion, il les regardoit comme les destructeurs du Trône. Aussi presque tous ces écrits, enfans de la bonne volonté des François, qui en ce genre n' est que trop féconde, ont péri en naissant. Un seul regard de LOUIS, son maintien, son silence, étoient pour eux un arrêt de proscription, dont ils auroient appellé en vain au tribunal de son auguste Pere.

Vous entriez aussi dans ses études, écrits modernes de tout genre, & loin de jetter du trouble dans son ame, vous augmentiez sa tranquillité. Il les lisoit, Messieurs, tous ces ouvrages; mais composés à dessein de faire douter, ils lui fournissoient de nouveaux motifs de croire : semblables à ces faux oracles d'où sortoit quelquefois la vérité malgré l'ambiguité de leurs réponses & la malice du démon qui les dictoit, ces écrits laissoient percer aux yeux du DAUPHIN les vérités éternelles. Les sophismes & les paradoxes employés pour les cacher, ne servoient qu'à les rendre plus éclatantes; c'est ainsi qu'à la voix du Créateur, la lumière sortit du milieu du cahos & des ténébres.

Celle qui a éclairé l'esprit de notre

Philoſophe Chrétien, ne peut guères être compriſe que par les effets qu'elle a produits; car ſa vie cachée nous a dérobé juſqu'ici les preuves immédiates de ſes connoiſſances; je veux dire, ſes travaux dans tous les genres de ſcience. Celle de Dieu eſt la ſeule qui ſe ſoit manifeſtée; ſon cœur ne pouvoit pas la contenir, & ſa religion a ſouvent trahi ſon humilité. Que vos charmes ſont doux & puiſſans, Religion ſainte! oh! qu'ils ont d'attraits pour une ame qui en eſt veritablement épriſe!

Celle du DAUPHIN en étoit ſi pénétrée, que le plaiſir qu'il goûtoit à remplir toutes les obligations d'un parfait Chrétien, ſembloit moins être l'effet d'une grace de ſecours que le fruit d'une récompenſe anticipée.

C'eſt de ces attraits, toujours renaiſſans dans le cœur du juſte, que ſont ſorties ſans interruption les vertus que nous ne ſçaurions contempler ſans étonnement: cette juſte piété qu'aucune paſſion, aucune foibleſſe, aucun dégoût n'a pû affoiblir ; ce tendre reſpect pour ſes auguſtes Parens, dont il n'a jamais contriſté le cœur ; cet amour conjugal, qui eſt deſcendu avec lui dans le tombeau avec toute ſa pureté ; cette affection paternelle, qui nous retrace la belle image des Patriarches toujours entourés de leurs enfans, toujours occupés à les inſtruire, jamais las de leur préſence & de leurs innocentes careſſes ; cette compaſſion pour les malheureux, dont l'infortune faiſoit la ſienne.

De ces attraits découloient encore, comme d'une ſource pure & tranquille, cette paix, cette égalité d'ame de LOUIS dans tous les événemens ; delà enfin toute ſa vie, qui fut un culte intérieur & perpétuel, par l'enſemble de ſes actions, toujours conformes à ce que Dieu commande, toujours dirigées vers les récompenſes éternelles qu'il promet.

A l'égard du culte extérieur, par lequel tous les ſens de l'homme rendent hommage à la Divinité, LOUIS qui ne voyoit rien dans la Religion de JESUS-CHRIST, qui ne fût grand, qui ne fût saint comme celui qui l'a fondée, ne croyoit pas qu'il fût au-dessous de sa propre grandeur, de concourir aux augustes fonctions de l'Eglise; tel autrefois le glorieux Saint dont il tiroit son origine, entra humblement dans Paris, à la suite des Prêtres & à la tête du Peuple, portant sur ses épaules, comme un autre Cyrenéen, les instrumens de la Passion du Fils de Dieu.

L'héritier du nom de S. Louis, l'étoit aussi de sa piété. Que ne puis-je, Messieurs, vous le montrer tel qu'il a paru dans nos Eglises: vous le verriez prosterné au pied de autels, pénétré de la sainteté du lieu, anéanti devant la Majesté de celui qui y habite, aussi humble dans sa prière que le Publicain, aussi persévérant dans sa foi que le Centurion, plus éclairé dans ses pieux desirs que les enfans de Zébédée; vous l'y verriez écoutant la parole de Dieu avec l' avidité de la multitude qui avoit ſuivi JESUS-CHRIST ſur la montagne; chantant les louanges de l' Eternel; comme s' il étoit déja devant le trône de l' Agneau; aimant nos ſaintes cérémonies & nos feſtivités, autant que le jeune Joas aimoit celles du Temple; & ne ſe plaiſant pas moins dans la maiſon du Seigneur, que Pierre ſur le Thabor.

Quoique ces pieuſes affections de l'ame ſoient des ſignes certains de la Religion du Chrétien, je ne bornérai pas à ces ſeuls actes les preuves de la piété du DAUPHIN. Il ſçavoit que notre divin Maître prêt à quitter la terre pour aller prendre une place éternelle à côté de ſon Pere, avoit établi des canaux de graces, & il recouroit ſouvent à ces ſources ſacrées. C' eſt ainſi que ce Prince édifioit l' Egliſe, tandis que des Docteurs nouveaux dans l' Egliſe, travailloient à la détruire; c' eſt ainſi qu' il contrediſoit par ſa conduite des maximes erronées qu'il a toujours condamnées par son maintien : maximes d'autant plus dangereuses, qu'elles se produisent sous le dehors trompeur d'une morale saine, & sous le prétexte spécieux d'un plus grand respect pour le Saint des Saints; maximes par lesquelles les ames paresseuses de l'œuvre du salut, sont entretenues dans la tiédeur, & les cœurs enchaînés par les passions sont retenus dans l'esclavage; maximes, en un mot, qui semblent n'avoir été introduites que pour anéantir les Sacremens par le défaut d'usage, n'étant pas possible de les détruire par la force du raisonnement.

Le DAUPHIN ne voulant pas approcher de ce sacré banquet comme certains Chrétiens que la simple habitude y conduit, consacroit trois jours à ce saint exercice, de manière que sa vie spirituelle formoit une sorte de cercle religieux qui ne laissoit aucune place à la dissipation ou à la tiédeur; & pour remplir ces trois jours, il forma le plan d'un ouvrage : c'eſt le ſeul écrit de ce Prince, relatif à la Religion, qui ſoit un peu connu, & comme ſauvé du naufrage ; mais combien d'autres verront le jour, ſi ſa modeſtie ne les a pas condamnés à une nuit éternelle. Ce ſeroit ſans doute une grande perte pour la poſtérité ; mais pour nous, qu'en avons-nous à faire ? la maladie & la mort de LOUIS ſont les plus ſçavans livres qu'il ait pu nous laiſſer.

Je ſens qu'entraîné par mon ſujet, je vais avancer l'heure de votre douleur & renouveller la mienne ; mais ſi nos cœurs ſont ſuſceptibles de quelque conſolation, ce n'eſt que dans l'héroïſme chrétien de ce Prince qu'ils peuvent la trouver. Ne détournons donc pas nos regards de ce ſpectacle attendriſſant, dont je ne vous montrerai d'abord qu'une partie : lui ſeul peut tarir nos larmes, ſi nous l'enviſageons des yeux de la foi. C'eſt ici, Meſſieurs, c'eſt ici que celle du DAUPHIN va paroître dans tout

ſon

son jour & confondre l'incrédulité du siécle.

N'ayant que trop d'objets affligeans à vous présenter, je passerai rapidement sur le commencement de sa maladie ; il me seroit pourtant facile d'en tirer la matière d'un bel éloge : il suffiroit de vous montrer ce cher Fils, plus attentif à ne pas troubler la sérenité des jours de ces augustes Parens, qu'à conserver les siens. Il déperissoit, en effet, depuis long-tems, sans qu'il en témoignât la moindre inquiétude, lorsqu'enfin ses forces naturelles cedant à la violence du mal, il fut contraint de s'aliter. Dès ce moment, LOUIS, qui avoit si souvent déploré l'infortune des Princes trompés toute leur vie, & comme poursuivis jusqu'au tombeau par la flatterie ou le mensonge, ne voulut pas éprouver à la mort ce qu'il avoit sçu si bien éviter pendant tout le cours de sa vie, il fait appeller ses Médecins, & prenant pour la première fois un ton d'autorité, il leur ordonne de ne lui point diſſimuler ſon état. Ces hommes, à qui Dieu a donné une ſorte d'inſenſibilité pour l'avantage de ceux-mêmes qui la leur reprochent, ſentent à ces mots que leur fermeté les abandonne ; mais celle de LOUIS les raſſure, leur arrache leur ſecret, & les force à lui notifier ſon arrêt de mort. Si l'on peut juger de la ſituation d'une ame par des ſignes extérieurs, celle du DAUPHIN ne fut point troublée : à ſon viſage ſerein, à ſon regard aſſuré & à ſa voix ferme, on eût cru que les Médecins venoient de lui promettre une gueriſon prochaine. Tel eſt l'effet de la foi : l'expérience enſeigne à tous les hommes qu'ils doivent mourir ; la foi leur apprend qu'après la mort il eſt une autre vie où le juſte jouira d'un bonheur éternel : *C'eſt pourquoi ce juſte*, dit l'Eſprit-Saint, *met ſon eſpérance dans la mort.* *

Plein de cette confiance, LOUIS,

* *Sperat autem juſtus in morte ſua.* Prov. ch. 14. v. 32.

au lieu de ſe troubler comme Ezéchias, ſe réjouiſſoit comme David, & ſembloit dire par ſon maintien tranquille : *Ce que l'on m'a annoncé m'a rempli d'allegreſſe, j'irai dans la maiſon du Seigneur*.* Dès ce moment, Meſſieurs, il ne penſa plus qu'à mourir ; mais comment s'y diſpoſa-t-il ? Venez en être les témoins ; & tremblez, ô vous tous qui ne ſongez pas à la mort une ſeule fois en la vie ! vous qui croyez qu'une confeſſion précipitée, une abſolution arrachée par la briéveté du tems, quelques mots d'édification mal articulés par une voix expirante, & un acte de répentir errant ſur des lévres moribondes, ſans pouvoir trouver le chemin du cœur, peuvent effacer des iniquités ſans nombre !

La nature du mal promettoit encore à LOUIS quelque tems de vie, mais ſa foi les lui abrégeoit. Il voulut recevoir les derniers Sacremens de l'Egliſe, non

* *Lætatus ſum in his quæ dicta ſunt mihi, in domum Domini ibimus*. Pſal. 121. v. 1.

dans ces momens où tous les ſens de l'homme, affaiſſés par la maladie, refuſent le ſecours de leurs organes aux opérations de l'ame; mais lorſque la ſienne, libre des affections inſéparables de la douleur, pouvoit ſentir la grandeur du bienfait & la bonté infinie du Bienfaiteur; & il ſe fait adminiſtrer les Sacremens des mourans quarante jours avant ſa dernière heure. Quel triomphe, Chrétiens, pour la Religion! quel ſpectacle attendriſſant pour ceux qui l'aiment! Auguſte, mais trop infortunée Famille, quel dût être alors votre tendre effroi! & vous, courtiſans éplorés, dont les yeux noyés de larmes n'oſoient pas regarder l'illuſtre victime que Dieu devoit bien-tôt frapper en haine de nos péchés, racontez-nous les divers mouvemens dont vos ames étoient agitées, témoins d'un ſi triſte appareil & d'un ſi cruel ſacrifice! Vous étiez tous dans la conſternation, vous ſoupiriez, vous gémiſſiez, vous fondiez en larmes, vos ames étoient ſaiſies de douleur & d'effroi, quand celle du DAUPHIN étoit ſeule ferme & paiſible ; mais d'où venoit ce calme ſurprenant ? LOUIS étoit-il donc né inſenſible ? hélas ! il fut le fils, l'époux, le pere, le frere, l'ami & l'homme le plus tendre. O vous ! qui vous étonnez de trouver tant de tranquillité dans une ame environnée des frayeurs de la mort, & attachée à ce monde par les plus doux liens de la vie, apprenez quelle étoit la ſource de cette paix intérieure : la nature ne perd jamais ſes droits, mais la Religion enſeigne à l'homme à en faire un ſacrifice au Maître de la nature. C'eſt la foi qui a fait vivre le DAUPHIN en vrai Philoſophe : c'eſt elle qui l'a fait mourir en véritable Héros. Et vous ! qui voudriez faire retomber ſur la Religion les jugemens qu'elle prononce contre vos erreurs & vos vices, venez voir l'héritier du plus beau trône du monde que la mort va lui enlever ; indifférent à cette perte, il ne ſoupire qu'après un regne dont * *la vèrité eſt la loi*, *dont la charitè eſt le Roi*, *dont l'èternitè eſt la durèe*.

Fils tendre, enfant chéri, on diroit qu'il n'a plus de parens ſur la terre, du moment qu'il s'eſt jetté dans les bras du Pere de miſéricorde qui eſt dans le ciel : uni à une Epouſe par les nœuds les plus doux, il les rompt pour ne s'attacher qu'à la Croix de JESUS-CHRIST; & s'il tient encore au monde par les liens de l'affection paternelle & de l'amitié, ce n'eſt que pour benir ſes enfans à la maniere des Patriarches, & pour dire adieu à ſes amis comme un voyageur s'en ſépare. Quel ſpectacle ! quelle victoire ! la Religion triomphe déja ſans effort de toutes les forces de la nature & des horreurs de la mort ; elle en triomphe, Meſſieurs, mais c'eſt par la foi dans les récompenſes éternelles. Sans elle la grande ame de LOUIS

* *Cujus lex veritas*, *cujus Rex caritas*, *cujus modus æternitas*. Aug. epiſt. ad Marcell.

n'eût peut-être montré que de la foiblesse & du desespoir ; sa constance l'eût abandonné, & il n'eût pas emporté vos regrets : avec elle il se dispose à mourir comme un autre se prépare à un grand voyage, & vos cœurs enchantés voudroient le suivre.

Tout ce que je viens de vous peindre, Messieurs, vous persuade sans doute que le DAUPHIN avoit une foi vive ; tout ce que l'on publie de ses lumières & de ses connoissances, ne doit pas moins vous convaincre qu'elle étoit éclairée : il avoit bien autant de tentations pour douter ; de talens acquis ou naturels pour rechercher, discuter, approfondir les matières ; de jugement pour démêler la vérité d'avec ce que l'on appelle préjugé, qu'en ont tous les prétendus esprits forts qui ont déclaré la guerre à la Religion, & cependant il a cru avec la docilité d'un enfant & la simplicité d'un homme vulgaire. Il a donc confondu l'incrédulité du siécle par sa ſoi : voyons comment il en a condamné la corruption par ſes mœurs.

SECONDE PARTIE.

Les mœurs ſont les inclinations de l'ame, manifeſtées au-dehors par la manière de ſe comporter dans la ſociété des hommes. La ſimplicité de nos peres en avoit longtems conſervé la pureté : l'intérêt & la vanité les ont enfin corrompues ; & dans ce ſens, ce n'eſt pas ſeulement une contrée, une nation un coin de la terre, c'eſt le monde entier qui eſt tombé dans la corruption. Mais plus ce débordement eſt général, plus il eſt beau de s'être ſauvé du naufrage. Heureux donc, Meſſieurs, mille fois heureux, celui qui a ſçu conſerver la pureté de ſes mœurs, dans un ſiécle où l'on en auroit oublié juſqu'au nom, ſi on n'affectoit d'en parler pour s'étourdir ſoi-même ſur cette perte.

Mais eſt-il donc ſi difficile d'être auſſi ver-

vertueux que l'étoient nos peres ? Oui ſans doute, lorſque l' on eſt arrivé au tems où l' homme ceſſe de l' être ſans s' en appercevoir ; je veux dire, lorſqu' une nation ayant abandonné ſes anciennes mœurs pour en adopter de nouvelles, la multitude s' accoutume peu-à-peu à cette eſpèce de révolution ſans ſe douter du changement, ni en prévoir les conſéquences : alors les vices à demi couverts & comme adoucis par la politeſſe, ſe produiſent ſous les couleurs d'une vertu tempérée ; & s' ils ne reçoivent pas des hommages, la ſociété devenue indulgente, ne leur fait point d' affront ; cependant la maſſe des bonnes maximes ſe corrompt, & le poiſon qui en ſort eſt ſi ſubtil, qu' il exhale une infinité de tentations imperceptibles & preſqu' inévitables.

L' homme, au milieu de cette corruption, eſt comme un vaiſſeau qui fait route dans une mer parſemée d' écueils : plus ils ſont à fleur d' eau, & plus le Pilote eſt habile, s'il les évite; de même, plus les tentations, dangereux écueil de l'ame, ſont délicates, & comme couvertes du voile que l'indulgence des hommes a jetté ſur les vices, & moins il eſt facile de les éviter; ſur-tout dans l'âge où les paſſions, ſemblables à des flots agités, s'élevent du fond du cœur juſqu'à l'entendement, & en obſcurciſſent les lumières.

Or, Meſſieurs, combien de tentations qui aſſiégent le commun des hommes, aſſaillent avec plus d'artifice & de ſuccès le cœur d'un Prince? tentation d'orgueil, qu'une baſſe flatterie alimente, tentation de vaine gloire, que l'ambition des courtiſans aiguillonne; tentation d'amour-propre, qu'une complaiſance intéreſſée ou timide encenſe; tentation d'humeur, que des reſſentimens particuliers excitent ou augmentent; tentation d'oiſiveté, que la vanité préſomptueuſe des Miniſtres entretient; tentation de diſſipation, que le malheureux art de quelques ames viles favorise ; tentation de profusion, que l'avarice de quelques autres facilite ; tentation enfin des plaisirs de tous les sens, qui allant au-devant des Princes pour les séduire par la multiplicité des objets & la facilité des moyens, se reproduisent chaque jour sous tant de formes nouvelles & attrayantes, qu' ils ne laissent pas même à leur ame la ressource de la satiété.

Le DAUPHIN trouva tous ces écueils sur son chemin ; mais conduit par la sagesse, sa vertu ne se brisa contre aucun. Né du plus illustre Sang de l' Europe, appellé à la plus brillante Couronne de l'Univers, entouré de Courtisans, comblé de respects & d'hommages, loin de s'enorgueillir de ces avantages, d'où naît souvent la fierté des Princes, & sur lesquels la grandeur de la plûpart se soutient, il étoit simple dans ses manières, honnête dans ses procédés, doux, familier & humain dans ses entretiens : indifférent pour tout ce qui est appareil & cortége, il avoit toutes les qualités qui nourrissent l'orgueil & qui attirent les vaines complaisances des hommes, & il n'exigeoit pas même les attentions qui étoient dues à son rang.

Issu d'une race féconde en Héros, dont la valeur a fait trembler plus d'une fois la terre, & lui a souvent donné des fers ou des loix, il eût pu aspirer à la même gloire; il avoit reçu du ciel tous les talens pour perpétuer celle du nom François. Le ciel, hélas! qui ne vouloit pas qu'ils fussent ignorés, permit qu'avant de mourir, LOUIS les déployât tous au camp de Compiegne : braves Soldats, lorsqu'il vous commandoit avec tant de graces, il vous faisoit ses derniers adieux. Ah! si dans cette image de la guerre les charmes de sa personne & sa familiarité militaire, vous inspiroient une nouvelle ardeur, que n'auriez-vous pas fait en combattant auprès de lui? Les Nations rivales de la nôtre, qui publient ajourd'hui ses vertus, auroient eu la générosité d'avouer leur défaite & de pleurer avec nous leur vainqueur. Rome, la France a comme toi ses *Curtius*, ses *Decius-Mus*, lorsque le bonheur ou la gloire de l'Etat en dépend; le sang des BOURBONS ne circule pas, il bouillonne dans leurs veines; on vit celui de LOUIS à Fontenoi, ne pouvoir pas se contenir dans les siennes : c'est la seule fois qu'il lui a permis de s'enflammer; mais dans ce moment, il se dévouoit pour la patrie : jeune Héros, plus jeune Epoux, seul héritier du trône, il s'offrit à son pere pour enfoncer les bataillons ennemis, & il se plaignit de son rang qui s'opposoit à son courage, tandis-que l'élite de notre Noblesse couroit à la gloire & à la mort. On sçait aussi que dans un autre moment, où nos armes cesserent d'être victorieuses, sans que nos Soldats eussent cessé d'être valeureux, le DAUPHIN désira d'aller commander l'armée : eh! ne croyez pas, Messieurs, que ce noble désir prît sa source dans la vaine gloire : il n' ambitionnoit pas de ſe couvrir de lauriers ; il ne vouloit que conſerver dans toute leur fraîcheur, ceux que ſon auguſte Pere avoit moiſſonnés dans ſes brillantes campagnes,& arracher des mains de l' ennemi, quelques rameaux que le mauvais génie de la France avoit fait tomber des nôtres malgré nous.

Loin donc de vous, Romains, l'idée d' un Prince qui, altéré de ſang, ennyvré de fumée, ſe ſeroit fait un jeu de la guerre. Plutôt que de couter des larmes à la Nation, * *il eût été pacifique avec ceux qui haïſſent la paix* : le Héros, qui malgré ſon intrépidité frémit d' horreur & de pitié, à la vue des champs de Fontenoi abreuvés du ſang de nos ennemis, n' auroit jamais prodigué celui des François.

La nature, en lui donnant une ame ſi ſenſible, avoit pris ſoin qu' il n' eût pas meme l'extérieur de cette fierté, d'où naît ſouvent dans les Princes une ſorte

* *Cum his qui oderant pacem, eram pacificus.*

de mépris pour l' eſpèce humaine ; mépris qui, s'il ne dégénere pas en dureté, ferme au moins d' ordinaire les principales avenues de leur cœur à la ſenſibilité la plus naturelle. Vous êtiez humain & compatiſſant, ô LOUIS! mais vous ne trouviez pas que ce fût aſſez pour vous ni pour nous; vous vouliez encore que vos chers enfans fuſſent tels, & vous les envoyiez dans la cabane du pauvre, afin qu' ils appriſſent de bonne heure qu'il y a des malheureux. C' eſt dans ce triſte azile de la miſére, où le même chaume ſert tout à la fois de toît, de mur, de lit & de foyer, que les Princes vos Fils alloient étudier l'inégalité des conditions. C' eſt-là que maniant tour-à-tour les inſtrumens dont le pauvre cultivateur tire bien moins ſa ſubſiſtance que la nôtre, & le peu d'uſtenſiles uſês, qui ſembloient les avertir que tout, juſqu' à l' Argille, eſt avare pour l'indigent, ils pouvoient ſe former une idée de la condition du miſérable. C' eſt-là que goûtant du pain noir dont il ſe nourrit, qu'il a paîtri avec ſa ſueur, que ſa femme, pour en augmenter le volume, a fait fermenter avec la paille, & que ſes enfans preſſés par la faim n'obtiennent pas toujours de lui ſans larmes, ils ſentoient naître en eux le deſir d'adoucir le ſort de cette portion de l'humanité. C'eſt ainſi que LOUIS vouloit que la compaſſion entrât de bonne heure par tous les ſens dans l'ame de ces jeunes Princes, afin qu'elle pût y jetter d'aſſez fortes racines, pour que rien ne pût l'en bannir.

Plaçons ici la leçon éloquente qu'il a donnée à tous les Souverains, & n'aprehendons pas de ſouiller ſa mémoire en racontant que ſa main ſe ſouilla de ſang. Ce malheur, tout grand qu'il eſt, devient dans le tableau de ſa vie comme une de ces heureuſes ombres que l'art emploie pour faire reſſortir les plus beaux traits. Le DAUPHIN ſe plaiſoit à la chaſſe; c'eſt le divertiſſement des Héros : il y bleſſa un de ſes ſerviteurs, qui mourut de la

bleſſure.

bleſſure. Je ne veux point vous parler du généreux déſeſpoir de ce Prince ; s'il courut an ſecours de ſon Ecuyer bleſſé, s'il ſe jetta ſur ſon corps, s'il lava ſa playe de ſes larmes ; ſi ſes tendres embraſſemens furent le premier appareil qu'on y mit, s'il le rappella à la vie par ſes cris, s'il a eu ſoin de ſon fils & de ſa veuve, s'il s'en eſt occupé encore en mourant ; de tous ces actes, les uns ſont les effets d'un premier mouvement de la nature ; les autres ne lui coûtent rien : les Princes ſont ſouvent généreux ſans être ſenſibles, & s'ils ſe montrent faciles à réparer ces ſortes de tort, c'eſt parce que la réparation ne leur cauſe aucun dommage perſonnel ; mais lorſqu'ils ſe puniſſent eux-mêmes d'une faute involontaire, & que la punition ſe renouvelle chaque jour aux dépens de leurs plaiſirs & même de leur ſanté, c'eſt-là, Meſſieurs, où conſiſte la grandeur d'ame & le vrai héroïſme. Un Roi plein de colere & de vin tua ſon ami & le pleura ; mais ils ne devint ni plus modéré ni plus tempérant. LOUIS blesse son serviteur, & dès ce moment il renonce au seul amusement qu' il avoit resolu de se permettre, & dont l' usage eût peu être contribué à sa conservation. Les larmes qu'Alexandre versa à la mort de Clitus, n' ont point lavé ce grand Roi de la tâche que son emportement & son amour pour le vin ont imprimé sur sa mémoire; elle en restera éternellement souillée, & l'on ne parlera jamais de ses exploits sans en affoiblir l'éclat par le juste reproche d'avoir tué son ami. Au contraire, la mort de l'Ecuyer du DAUPHIN sera toujours pour la vie de ce Héros Chrétien un évenement qui, quoiqu' affreux & déplorable, ajoutera à sa gloire tout ce qu' il auroit ôté à celle d' un autre Prince. Monarques & Souverains, qui par le peu de cas que vous semblez faire de la vie des hommes, nous feriez croire que vous vous imaginez d' être d' une espèce différente de la nôtre, apprenez de LOUIS quel eſt le prix de cette vie que vous mépriſez ; apprenez auſſi des pleurs que nous verſons ſur ſa tombe, quels ſont les trophées que nous lui avons élevés dans nos cœurs. Que l'on vous donne les titres les plus flatteurs, aucun n'égalera celui d'*ami des hommes*, que les Romains tranſportés d'admiration decernent dans ce moment au DAUPHIN : je lis leur ſuffrage dans leurs yeux ; je ne crains pas qu'ils le retractent, ni qu'aucune nation oſe en appeller. Oui, Meſſieurs, LOUIS aimoit les hommes, & en l'en déclarant l'ami, vous n'immortaliſez pas moins votre mémoire que la ſienne. Il les aimoit, il eût voulu les rendre tous heureux, & il en étudioit ſans ceſſe les moyens ; mais qu'on ne diſe pas, qu'on ne penſe pas que ſes ſentimens humains prenoient leur ſource dans cette fauſſe humanité tant célébrée aujourd'hui ; la ſienne étoit une vertu ; celle du ſiécle tient au vice par l'indulgence qu'elle lui accorde, & il ne falloit point en attendre de lui de cette eſpèce, bien qu'il fût modeſte dans ſes jugemens, plus doux que ſévere dans ſes condamnations.

La douceur accompagne toujours la modeſtie, & l'égalité d'ame les ſuit; celle du DAUPHIN ne pouvoit donc pas être ſuſceptible d'humeur : auſſi n'en a-t-il montré dans aucune circonſtance de ſa vie. Je vous en prends à témoins, hommes qui redoutiez ſon jugement, avez-vous jamais lû votre condamnation ſur ſon abord ou dans ſes yeux? hélas! il avoit ceux de ſon auguſte Mere, qui n'expriment que bienfaiſance & douceur; mais ne croyez pas, Meſſieurs, que celle du DAUPHIN lui fût naturelle. Son ame n'étoit point de la trempe de celles qui n'ont point de reſſort : il étoit né au contraire vif & impétueux, mais il travailla de bonne heure ſur lui-même, & il parvint à ſe dompter. Il avoit compris que s'il ne commandoit pas à ſes paſſions, ſemblables à ces courſiers fougueux qui ne connoissent pas la voix du conducteur, elles l'emporteroient au-delà des bornes, & il en donna à son charactère; l'étude addoucit, apprivoisa cette ame fiere, & l'assujettit au joug de la raison.

Mais versé dans toutes les sciences, dont rarement l'esprit est plein sans que le cœur n'en soit enflé, rien n'annonçoit dans le DAUPHIN cette estime de soi-même qui perce souvent à travers le maintien des sçavans les plus modestes; & s'il discouroit quelquefois avec eux, sa modération étoit si grande, qu'on eût dit qu'il vouloit en apprendre ce qu'il auroit pu leur enseigner. Oui, il en sçavoit beaucoup plus que tous ces hommes qui veulent passer pour nos maîtres, desireus de scavoir, LOUIS ne metoit pas, come la plûpart, sa satisfaction a paroitre scavanr, mais a l'etre trop heureux d'avoir aimé l'étude, ce goût, presque banni des grandes cours, garantit son cœur du doux poison de l'oisiveté!

Personne n'eût pu mieux que lui se

livrer à cette tentation ; il n'avoit aucun détail d'affaires, il n'en prenoit guères connoissance que dans les Conseils du Roi, il eût donc pu remplir par les plaisirs honnêtes & les divertissemens des Héros, le grand vuide qui se trouvoit dans sa vie, entre les devoirs de Fils & de Prince ; mais il se croyoit comptable de tous ses momens à la Patrie, & il acqueroit des connoissances pour le tems où le Roi, parvenu à l'âge des Patriarches, lui auroit dit avec tendresse & confiance : *mon fils, soulagez votre pere dans le vieillesse.* * Titus comptoit pour perdus les jours qu'il avoit laissé passer sans faire quelques heureux ; LOUIS, qui n'étoit maître que de son travail, auroit regreté un instant où il ne se seroit pas occupé de la félicité publique.

Souverains de la terre, arbitres du sort des humains, & vous enfans des Rois, à qui la Providence a destiné des couronnes, sçachez que Dieu ne vous a pas placés sur

* *Fili, suscipe senectutem patris tui.*

un trône pour recevoir les offrandes & les encens des peuples comme les idoles, qui, insensibles par leur nature, ne peuvent prendre aucune part à la félicité ou à l'infortune de ceux qui les invoquent. N'imitez donc pas ces simulacres par votre oisiveté, de peur d'être traités enfin comme les * *idoles des nations*, pour lesquelles ceux mêmes qui les avoient faites ont cessé *d'avoir aucun ègard*.

Le DAUPHIN, en résistant à la douce tentation de l'oisiveté, si naturelle aux Princes, pour lesquels tout le reste des hommes semble avoir été condamné au travail, se garantit de l'amour des plaisirs les plus permis. Ne croyez pourtant pas que sa vertu les condamnât, ni qu'elle les lui fît éviter lorsque la bienséance exigeoit qu'il y intervint par sa présence. L'excès & la continuité de ces amusemens lui paroissoit un divertissement trop frivole pour le sage, & les études moins abstraites lui tenoient lieu de dissipation. Tel

* *In idolis nationum non erit respectus*. Chap. 11. v. 11.

eſt, Meſſieurs, l'avantage que l'on retire des ſciences; loin de laſſer l'eſprit, elles le divertiſſent par la variété. Ce ſont autant de perſonnages muets qui expriment toutes les ſcènes de la nature. Avec elles on s'amuſe ſans dégoût, on ſe réjouit ſans remords, on parle ſans témoin, on diſpute ſans aigreur, on raiſonne ſans contrainte; avec elles en voyage par-tout ſans danger, ſans obſtacle, ni fatigue; on viſite les villes & les campagnes, les palais & les hameaux; on paſſe les mers, on parcourt les deux hémiſphères, on s'éleve quelquefois juſqu'aux cieux. Il ne doit donc pas vous paroître ſurprenant que ce Philoſophe Chrétien, aimant á s'occuper, n'ait pas aimé á ſe diſtraire. Reſervez plutôt votre étonnement pour ſa moderation dans l'objet qui ſemble aujourd'hui l'écueil général des Sujets & des Princes, cette profuſion qui ruine les Etats & les familles.

Une des plus fortes & des plus nobles inclinations de DAUPHIN étoit celle de

faire

faire des heureux. Mais les moyens se refusoient á sa générosité, & son cœur devoit en souffrir une secrete violence. Il n'avoit pourtant qu'á faire paroître le moindre desir, il eût été satisfait. la tendresse de son auguste Pere nous en répond. Vous n'auriez rien refusé à ce cher Fils, Monarque dont le cœur généreux n'a jamais sçu rien refuser à personne; vous que l'on citera dans la postérité comme le modéle des bons peres; vous qui donneriez dans ce moment votre couronne pour le racheter, & qui la portez avec dégoût toutes les fois que vous vous rappellez qu'il n'est plus, ce cher héritier à qui vous deviez un jour la transmettre. Le DAUPHIN eût donc pu trouver dans l'affection du meilleur des Peres & des Rois, un fond inépuisable pour ses libéralités; mais il ne croyoit pas qu'il fût permis à un Prince d'appauvrir mille sujets pour en enrichir quelques-uns; ainsi sa modération au milieu des richesses, qui n'attendoient, pour ainsi dire, qu'un soupir, qu'un regard de ſon cœur pour venir à ſes pieds, tenoit ſon ame en équilibre entre le goût de la profuſion, ſi agréable aux grands, & la privation des moyens, ſi inſupportable á tous les hommes.

Vous auriez aſſiégé en vain cette ame, plaiſirs des ſens, vous n'êtes qu'illuſion, & la Sageſſe éternelle l'avoit * *environnèe de ſa vèritè comme d'un bouclier*. Vous n'avez pas même oſé approcher de ſes pavillons, ſes vertus en avoient creuſé les foſſés, & les Anges du Seigneur en faiſoient la garde.

Je crois, Meſſieurs, lire dans vos regards étonnés, la ſurpriſe que vous cauſe tout ce que vous venez d'entendre; il me ſemble que chacun de vous ſe demande, comment un Prince qui avoit atteint l'âge où ſe font ſentir les paſſions, que le monde appelle les défauts des grands hommes, n'avoit pas même celles de la jeuneſſe. Que votre étonnement ceſſe; l'eſprit & le cœur du DAU-

* *Scuto circumdabit te veritas ejus*. Pſal. 90. v. 5.

PHIN se formerent de si bonne heure à la vertu, qu'il n'eut presque pas d'enfance. Son éducation n'etoit pas finie, qu'il commença à montrer des mœurs austères, c'est-à-dire, celles de nos peres, que leurs enfans ont corrompues à force de les adoucir. Dès lors la sagesse éternelle songeoit à rassembler dans l'ame de ce Prince tous les traits vertueux dont elle a composé le portrait d'un grand Prêtre, afin que nous pûssions dire de LOUIS, ce que l'Esprit Saint a dit d'Onias: * *C'ètoit un homme vraiment bon & rempli de douceur, modeste dans son visage, modèrè & règlè dans ses mœurs, agrèable dans ses discours, & qui s'ètoit exercè des son enfance en toute sorte de vertus.*

Si ce bel éloge remplit de joie le Peuple Juif, au souvenir des vertus de son grand Prêtre, pourquoi ne chercherions-nous pas quelque soulagement à notre

* *Oniam qui fuerat summus Sacerdos, virum bonum & benignum, verecundum, visu modestum, moribus & eloquio decorum, & qui a puero in virtutibus exercitatus sit.* Mach. 2. ch. 15. v. 12.

douleur, dans la mémoire des belles qualités du Prince que nous pleurons ? Si elles ne tariſſent pas nos larmes, elles les juſtifieront. Romains, qui en ſanctifiant les éxemples que vos peres, vous ont laiſſés dréſſèz comme eux des autels à la vertu; vous auſſi Peuples qui êtes nos amis, partagez nos regrets, & voyez s'il eſt de malheur ſemblable a celui de la France! Et vous, Nations rivales de la nôtre, dépoſez au moins pour un tems vos jalouſies, pour pleurer avec nous la la perte qu'a faite l'humanité: Nous regretons un Prince qui étoit modeſte ſans affectation, vrai ſans indiſcrétion, grave ſans fierté, affable ſans familiarité, ſenſible ſans impatience, indulgent ſans partialité, généreux ſans profuſion, ſçavant ſans orgueil, intrépide ſans oſtentation, ami ſans inégalité, humain ſans meſure, grand ſans hauteur, tendre ſans foibleſſe. Ah! Meſſieurs, pourquoi les bornes trop reſſerrées d'un éloge viennent-elles défendre à mon eſprit de s'étendre autant que mon cœur le voudroit ? Je m'arrêterai au moins quelques inſtans à ce dernier caractère de la belle ame de LOUIS, comme plus conforme à la triſte ſituation des nôtres. Mais j'héſite de douleur & d'effroi, au ſeul ſouvenir des affreux événemens qui rempliſſent ce coin de ſa vie ; & pour ne vous pas laiſſer ignorer que ce Prince étoit le Fils, l'Epoux & le Pere le plus tendre, dois-je oſer découvrir à vos yeux des tableaux affligeans ſur leſquels heureuſement le tems a jetté ſes voiles. Levons les pourtant ces voiles, ce qu'ils cachent ne peut cauſer qu'une tendre horreur, & donner s'il ſe peut un nouvel accroiſſement à notre amour pour le Sang de nos Rois. Pardonnez donc à mon indiſcrétion, François, ſi je renouvelle le ſouvenir des dangers que notre Roi a courus : il manqueroit quelque choſe au portrait de ſon auguſte Fils, ſi je ne peignois aux Romains la tendreſſe héroique qu'il montra dans ces malheureux jours de confuſion & d'allarmes. La vie de

Monſeigneur le DAUPHIN, quoique bien courte, fut traverſée par quatre affreuſes circonſtances, où la ſenſibilité de ſon cœur eut beſoin de toute la fermeté de ſon ame. Il trembla deux fois pour les jours de ſon Pere, & il vit la mort trancher ceux de ſa première Epouſe & de ſon Fils aîné.

Ce Prince n'avoit pas encore quinze ans, lorſque le Roi voyageant pour viſiter ſes frontiéres & aller prendre le commandement de ſon armée de Flandre, fut arrêté à Metz par une maladie qui le conduiſit aux portes du tombeau. Si je voulois faire l'éloge de ma Nation, je tâcherois de peindre la conſternation des François ; je vous les montrerois ne prenant plus aucune part aux divertiſſemens publics ni a leurs propres affaires ; ne ſe mettant pas plus en peine des mouvemens de l'ennemi, qui avoit déja paſſé le Rhin, que s'il avoit été encore bien au-delà du Danube : je vous ferois entendre les gémiſſemens dont retentiſſoient les places

& les rues : je vous les repreſenterois couverts de larmes, courant tour-à-tour des Egliſes ſur les grands chemins pour demander à Dieu la guériſon de leur Roi, & aux paſſans des nouvelles de la ſanté de ce Prince. Mais ce n'eſt pas de notre amour pour le meilleur des Monarques que je dois vous entretenir ; c'eſt de la tendreſſe de ſon auguſte Fils pour un ſi bon Pere. Tandis que la Reine trembloit pour les jours de ſon cher Epoux, que cette nouvelle Clotilde imploroit le Seigneur pour lui, & qu'à force de cris pouſſés vers le ciel & de pleurs répandus ſur la terre, ſa voix & ſes yeux étoient éteints ; tandis que les Princeſſes ſes filles ſortoient de Paris pour aller à Metz dans un déſordre qui peint le déſeſpoir, qu'elles arroſoient les chemins de leurs pleurs, & que malgré l'impatience d'arriver, elles ſuſpendoient leur courſe pour implorer le Seigneur dans les temples qu'elles trouvoient ſur leur route, ou pour ſe proſterner dans la boue à la rencontre de ce divin Maître : le DAUPHIN, l'eſprit & le cœur plein du triſte ſpectacle qu'il laiſſe derrière lui & de celui qu'il va trouver à Metz, court, vole, ſe précipite vers un Pere qu'il chérit, & dont il ne croit pas être à tems de recueillir les derniers ſoupirs. Les larmes & les ſanglots, ſignes ordinaires de la douleur des hommes, ſont la moindre meſure de la ſienne ; il pleure, mais il réfléchit ; & à la vue de la perte que la Nation va faire, il dit en s'attendriſſant ſur elle : *hèlas ! la France n'aura donc qu'un enfant pour la gouverner !*

Ah ! Meſſieurs, quel préſage pour cette Nation ! un Prince qui n'oſant preſque plus eſpérer pour ſon Roi, déſeſpére pour elle, en penſant qu'elle n'aura que lui pour la gouverner ; un Prince, qui, loin d'être ébloui, conſolé à la vue d'une couronne prête à deſcendre ſur ſa tête par le même coup qui va faire deſcendre ſon pere dans le tombeau, ſe revolte contre cette idée, & s'offenſe de quelques diſcours de Courtiſans

tisans qui semblent lui faire entendre qu'on le conduit plutôt sur un trône, qu' autour du lit d'un Roi mourant.

Dieu rendit le Roi à la France, & le calme aux cœurs des François. La joie que nous montrâmes à la guérison du Monarque, lui donna d' elle-même le surnom de *Bien-aimé*. Qui eût pensé alors que cette allegresse générale pourroit être jamais troublée, & que l' unanimité de cette sorte d' apothéose seroit démentie par un forfait ? Refusez-vous à mes crayons, ô nuit d' horreur ! devenez, s' il est possible, encore plus sombre, & plutôt que de souiller les fastes des François, ne laissez entrevoir aux Romains que le DAUPHIN, possédant son ame au milieu de la plus grande confusion; donnant ses ordres, comme s' il avoit commandé toute sa vie; présidant pour la première fois au Conseil, & étonnant tous les Ministres par la sagesse de ses avis; cachant son trouble & son émotion, commandant même à ses larmes, pour ne point paroître décoûragé quand tous avoient perdu le courage ; ne tremblant enfin que pour les jours de ſon Pere, quoiqu' il ſçût que les ſiens étoient menacés. Diſſipez - vous à préſent, nuages que j'avois invoqué, & laiſſez-nous voir LOUIS dans toute ſa douleur, lorſque retiré dans ſon appartement, il ne contraignit plus ſon cœur ni ſes yeux. C'eſt alors que le Héros diſparut, & que le Fils ſe montra dans toute l' étendue de ſa tendreſſe. Vous ſeule pourriez le raconter, chere compagne, qui partagiez tous les mouvemens d' effroi & de triſteſſe dont ſon ame étoit agitée ; vous qui, témoin d' un ſi tendre deſeſpoir, craignîtes de perdre d'un même coup votre Epoux & votre Pere, un Ami & un Roi : mais ne contemplons pas davantage ce ſpectacle, Meſſieurs, nous n'en avons pas beſoin pour être attendris.

Je devrois, par ce motif, m'abſtenir de parler de la mort de l'Infante d'Eſpagne & de celle de Monſeigneur le Duc de Bourgogne, j'en eusse même supprimé le détail, si la tendresse d'un fils qui pleure en héros, ressembloit à celle d'un époux & d'un pere qui pleure en homme. L'une, contrainte par une dignité importune, se fait violence pour n'être pas apperçue; l'autre, autorisée par la nature, se fait presque un devoir de se montrer, & ne craint pas de passer pour foiblesse. Telle fut la douleur de LOUIS lorsqu'il perdit sa premiere Epouse. Il n'y avoit qu'un an que ces deux jeunes cœurs étoient unis, & la mort les sépara pour toujours. Ce nœud conjugal avoit été formé sous les plus heureux auspices; un même sang le cîmentoit, un même intérêt le resserroit, une Princesse fut le fruit de cet hymenée, & elle couta la vie à celle qui venoit de lui donner le jour. Une ame sensible n'a pas besoin du concours de tant de circonstances pour être pénétrée de douleur; mais lorsqu'elles se rencontrent dans une catastrophe, il n'est pas étonnant qu'elle en soit accablée. Celle que le DAUPHIN ressentit fut si vive & si longue, qu'il sembloit se plaire à l'entretenir : on ne croyoit pas même qu'il pût se consoler. Princesse infortunée, dont l'amour conjugal avoit tant de droit sur celui de votre cher Epoux, que votre cœur ne s'offense pas de la douleur qui saisit le sien. Au déchirement de ses premiers noeuds, lorsqu'il pleuroit l'Infante d'Espagne, & qu'il ne pouvoit pas l'effacer de sa mémoire, il ne connoissoit pas encore celle qui devoit bientôt secher se pleurs, & le consoler de la perte de cette chere compagne; & de quels secours ne lui fûtes vous pas, Héroïne Chrétienne, lorsque la mort vous enleva votre Fils aîné ? vous n'êtiez pas moins accablée de douleur que lui, & vous ne sembliez occupée qu'à soulager la sienne.

Les afflictions que Dieu envoye aux hommes, sont des épreuves pour les bons

& des avertissemens pour les méchans. Malheur à vous, enfans de la terre, si vous ne les regardez pas comme des graces sorties des trésors de sa misericorde! L'histoire de la Providence est parsemée de ces traits de bonté : ainsi le Seigneur, pour éprouver la constance de son Peuple, permit que le sauveur * d'Israel fut tué ; & presque en même tems il avertit *Demetrius* en détruisant son armée, en frappant de paralisie & faisant mourir le Général qui venoit de triompher de *Judas*. Heureux celui à qui Dieu envoie à tems de pareils avertissemens! plus heureux celui qui n'a besoin que d'épreuves! Il en falloit, sans doute, une quatrième au cœur de LOUIS, pour le purifier *comme l'or dans le creuset*, puisque Dieu lui enleva son Fils aîné. Le Seigneur en usa ainsi avec son serviteur David ; mais si ces décrets éternels furent les mêmes quant à l'effet, ce terrible jugement fut bien différent dans l'exe-

* Judas Machabée.

cution. Le fils de David ne faisoit que de naître, & celui de notre Prince étoit déja formé ; l'un ne connoissant pas encore son pere, ne pouvoit exciter en lui que les mouvemens passagers de la nature ; l'autre, plein de tendresse & de respect pour ses augustes Parens, dont il faisoit l'espérance & les délices, perça leur cœur d'autant de glaives que la nature a de tendres sentimens. L'enfant de David lui fut enlevé en sept jours, & une maladie si courte, abrégeant, précipitant, pour ainsi dire, les mortelles inquiétudes de ce Roi, les conduisit bientôt à leur terme : Monseigneur le Duc de Bourgogne ne mourut qu'après sept mois de souffrances, qui faisoient mourir de douleur chaque jour son Pere & sa Mere. Pourquoi donc cette différence entre le Prince pécheur & le Prince innocent ? Pourquoi ce traitement inégal, mille fois plus dur pour celui-ci, que pour l'autre ? C'est, Messieurs, que Dieu vouloit punir David & éprouver le DAUPHIN : il vouloit purifier ſon ame par le feu de la tribulation, rompre de bonne heure les liens de la chair & du ſang qui l'attachoient à ce bas monde, & le diſpoſer au ſacrifice de ſa propre vie, par l'holocauſte d'une victime ſi chere à ſon cœur : Dieu vouloit, en un mot, ſanctifier ce Héros Chrétien, & le réunir bientôt à ſon Fils dans la céleſte patrie. C'eſt ainſi que le Seigneur traite celui qu'il aime. Il n'éteint point en lui les ſentimens de la nature, il ne l'éprouveroit qu'à demi ; il les rend au contrarie plus vifs, afin que l'ame qui en eſt affectée, ſente mieux qu'elle ne doit mettre ſa confiance que dans *le Dieu de toute conſolation*.

Tel fut le fruit des terribles épreuves dont la vie de Monſeigneur le DAUPHIN fut traverſée. Elles le détacherent tellement de toute affection terreſtre, que lorſque la mort vint rompre ſes liens, elle n'en trouva aucun qui tînt à ſon ame. Ce ſont ces épreuves redoublées, qui après l'avoir fait vivre en Chrétien, l'ont fait souffrir en Martyr & mourir en Saint.

Il n'est plus tems, Messieurs, d'admirer dans ce Prince ces qualités qui rendoient sa vie si chere aux hommes, c'est le moment de méditer sur celles qui ont rendu sa mort précieuse aux yeux de Dieu : laissons donc à ses vertus sociales le soin d'orner les dehors de sa sépulture, & n'arrêtons nos regards que sur celles qui sont descendues avec lui dans le tombeau, sa résignation, sa patience & sa fermeté.

Vous vous rappellez comment LOUIS arracha de bonne heure son arrêt de mort de la bouche des Médecins : les François ne vouloient point y souscrire ; & dans l'espoir de faire revoquer, par leurs prières un décret qu'ils avoient attiré par leurs péchés, ils disoient, comme le peuple Juif de Jonathas, *il ne mourra pas*. Lui seul, aussi soumis, & bien plus innocent que ce valeureux fils de Saül, ne se plaignoit pas de cette terrible sentence, Vous avez ententendu avec attendriſſement tout ce que l'on a raconté des prières & des larmes dépoſées au pied des autels par la Nation françoiſe : jamais guériſon n'a été demandée à Dieu avec tant de ferveur & de perſévérance , & ſi j'oſois le dire, avec tant d'importunité. Au milieu de ces cris pouſſés vers le ciel, LOUIS, auſſi tranquille , auſſi docile qu'Iſaac , portoit dans ſon cœur le feu & le glaive deſtinés au ſacrifice , ſans ſe mettre en peine de la victime. Les vœux & les prières redoublent ; les autels ſont chargés d'offrandes & plient ſous leur poids ; les Miniſtres ne ſuffiſent pas pour les préſenter à Dieu ; les Egliſes ne peuvent plus contenir les peuples ; les rues , changées en temples , *pleurent comme celles de Sion* * : LOUIS entend ces vœux, & il craint qu'ils ne ſoient exaucés. ** *Ecoutez ceci , habitans de la terre* : un Prince , l'amour de ſes Parens , le bien-aimé de ſon

* *Viæ Sion lugent*. Jerem. Lament.
** *Audite hæc omnes gentes, qui habitatis orbem*.

Epouſe, les délices de ſa Nation, l'héritier d'un trône que les plaiſirs, les richeſſes & les honneurs environnent; un Prince qui n'a pas encore vécu, déſire de mourir & refuſe de concourir aux prières qu'on adreſſe à Dieu pour qu'il vive. D'où vient cette indifférence, ce mépris, ce dégoût pour la vie? C'eſt, Meſſieurs, qu'il en connoiſſoit le néant; c'eſt qu'il n'avoit pas attendu le tems de ſa maladie pour conſidérer que les grandeurs humaines, ſemblables à ces hautes colines dont parle le Prophête, ne ſont * *que menſonge & illuſion*; c'eſt qu'à ſes yeux, les trônes les plus élevés & les mieux affermis n'avoient pas plus de ſolidité, ** *que ces montagnes qu'un ſeul regard du Seigneur fait fondre comme la cire*:

Grands de la terre, hommes mondains, enfans du ſiécle, qui placez votre cœur

* *Verè mendaces erant montes, & altitudines montium*. Iſai.

** *Montes ſicut cera fluxerunt à facie Domini*. Pſ.96. v.5.

dans le néant des choſes & du plaiſir des ſens, venez apprendre à vous en détacher, & ne reſſemblez plus déſormais à ce peuple ingrat & terreſtre, qui ne comptant pour rien la terre promiſe, auroit voulu paſſer ſa vie en Egypte. Hélas! inſenſés que nous ſommes, nous n'imitons que trop les Juifs! comme eux, à peine tranſplantés dans une terre étrangére, nous n'avons ouvert les yeux en naiſſant que pour pleurer à la vue du fleuve de Babylone & au ſouvenir de Sion; mais bientôt après, ſéchant comme eux nos larmes, nous ne penſons plus à Jeruſalem comme eux: nous préférons le travail au repos, l'eſclavage à la liberté, le ſéjour d'un monde ingrat, injuſte, infidéle, corrompu & rempli de maux, à une terre de délices. LOUIS quittoit ce monde ſans peine, parce qu'il ſçavoit que ce qu'on y laiſſe n'eſt pas digne des regrets du vrai Chrétien. On a beau aimer ſes parens, ſes enfans, ſon épouſe, ſes amis, ſa patrie, on s'en détache ſans regret, lorſqu'on va trouver dans le ciel le Pere de la nature, autant de compagnes qu'il y a de Vierges, autant d'amis qu'il y a de Saints. On ne regrette ni l'or & l'azur des Palais, ni le diadême & la pourpre des Rois, lorſqu'on va habiter dans la Cité ſainte, dont les murs ſont éclatans de gloire & qu'une couronne immortelle nous y attend. On ne regrette pas les plaiſirs des ſens, lorſqu'on va être plongé dans un océan de délices; on ne regrette pas enfin la vie, lorſqu'on ne meurt que pour vivre éternellement avec Dieu.

C'eſt dans ces ſentimens, inſpirés par la foi, ſoutenus par l'eſpérance, & animés par la charité, que Monſeigneur le DAUPHIN voyoit arriver la mort. Il la regardoit, non comme un abîme de ténébres, où les bonnes & les mauvaiſes œuvres vont ſe perdre indiſtinctement, mais comme l'aurore de l'éternité qui les éclairera toutes, pour récompenſer les unes & punir les autres. Dans cette confiance pouvoit-il ne pas souffrir patiemment? Les douleurs de la maladie étoient pour son ame, comme autant de sentiers raboteux par lesquels elle passoit avec plaisir, pour abréger le chemin de la céleste Patrie.

Je voudrois, Messieurs, vous peindre la situation douloureuse de Monseigneur le DAUPHIN malade & mourant; mais ce tableau couteroit trop à mon cœur. Que chacun de vous se le représente attaché, pendant quarante jours, à son lit, comme sur une croix; consommé par la fiévre, pressé par la toux, ne pouvant ni dormir ni respirer, abreuvé de remedes dégoûtans qu'il regardoit comme inutiles, exposé à des opérations qui ne le soulageoient qu' en le tourmentant, entouré de Médecins dont l'art ne pouvoit arriver qu' à prolonger le tems de ses souffrances, environné de serviteurs dont les soins empressés fatiguoient souvent leur maître malgré eux, condamné à la pourriture avant que d'être mort, mourant plus d' une fois par pluſieurs ſincopes, luttant enfin machinalement avec la mort pendant vingt heures.

Que Monſeigneur le DAUPHIN ait paſſé par ces cruelles épreuves, il n'y a rien en cela qui ſurprenne; combien de milliers de perſonnes en ont eu de plus longues & de plus douloureuſes ? mais ſupporter celles-ci avec une patience égale à celle des Martyrs, ſans qu'il ait paru la moindre altération dans ſes mouvemens, dans ſes diſcours, dans toute ſa perſonne; c'eſt-là, l'étonnant, le merveilleux, l'incroyable, ſur-tout dans un Prince que la naiſſance, l'éducation, le rang & la molleſſe, inſéparable des Cours, devoient avoir rendu plus ſenſible aux ſouffrances. Je n'ai, Meſſieurs, aucun détail à vous faire là-deſſus : ſa patience n'en fournit point, parce qu'elle fut ſans borne; & ſi vos ames généreuſes, prenant plaiſir à entendre louer ce Héros, me demandoient quelque choſe de plus, je leur dirois qu'il fut patient au-delà de toute eſpérance, de toute croyance, de toute expreſſion. Religion ſainte, vous êtiez la ſource du repos de cette ame ! ſans vous mon Prince n'eût été qu'un homme, avec vous il fut un Héros.

Au milieu d'une Cour qui frémiſſoit en penſant ſeulement que LOUIS pouvoit mourir, il parle de la mort comme d'un événement agréable. Le paſſage de cette vie à l'autre n'eſt à ſes yeux que comme un changement de climat ou de demeure, & s'il ſoupire, c'eſt après le moment où ſon pélérinage ſur la terre finira. La mort avec ſon cortége effrayant, aſſiége ſon lit, l'entoure de ſes flambeaux lugubres, & en teint déja de noir l'azur & la pourpre. A cet aſpect hideux, loin que LOUIS recule d'horreur, ſon ame pouſſée par la foi s'élance vers cette ennemie de notre nature, & ſemble la provoquer. O intrépidité des Saints ! vous êtes ſeule véritable, parce que vous ſeule êtes paiſible. C'eſt vous qui allez faire ſonger LOUIS à sa dernière demeure, je ne dis pas sans effroi, mais avec une sorte de plaisir.

Monseigneur le DAUPHIN n'avoit disposé de rien pendant sa vie, il dispose de son corps après sa mort. Mais comment en dispose-t-il, comme un autre Prince auroit pu ordonner la construction d'une maison de délices. Il choisit le lieu de sa sépulture, il en marque la place, il en prescrit la simplicité. Comment en dispose-t-il encore ? * *Grands & Peuples ècoutez-moi tous, & vous aussi qui gouvernez l'Eglise, prètez l'oreille*, & jugez si les dispositions de LOUIS ressemblent à celles des autres hommes. Il choisit un lieu éloigné de la pompe, & sans dédaigner la terre qui couvre les glorieux restes de ses augustes Ayeux, il leur préfére une poussière mêlée avec les cendres de plusieurs Pontifes vertueux. Ainsi le Prophête de Bethel disoit à ses fils : **

* *Audite me Magnates & Populi & Rectores Ecclesiæ auribus percipite.* Eccles. chap. 33. v. 50.

** *Cùm mortuus fuero sepelite me in sepulchro in quo vir Dei sepultus est.* Reg. chap. 13. v. 31.

Quand je serai mort, enterrez-moi dans le sépulchre ou repose l'homme de Dieu. Je ne dissimulerai pas, Messieurs, qu'à ce sentiment de Religion se mêloit un sentiment d'humanité qui doit trouver ici sa place. LOUIS s'étoit montré toute sa vie l'ennemi du faste, il ne vouloit pas se reconcilier avec lui à sa mort. Il avoit toujours désiré de pouvoir essuyer les larmes de l'indigent, il ne vouloit pas que le luxe de sa pompe funebre lui en fît répandre : commandez aux vôtres, Messieurs, pour ne pas troubler le récit de ce qui reste à entendre ; c'est la nature qui va parler & avouer sa défaite.

Une ame n'est ferme, qu'autant qu'elle est sensible, autrement sa fermeté ne seroit pas un courage ; ne séparons donc pas celle du DAUPHIN de sa tendresse, c'est le seul moyen de l'apprécier. Elle fut éprouvée dans sa maladie par un spectacle attendrissant qui se renouvelloit chaque jour. Autour du lit de ce mourant, étoit un Pere désolé ; si LOUIS rencontre ſes yeux, il les trouve noyés de larmes; s' il entreprend de lui parler, au ſon de cette voix chérie, ce cœur paternel ſe fend, & le ſien malgré ſon courage, ſe meut de tendreſſe en penſant qu' il ne laiſſe que des enfans pour ſoulager, pour conſoler au moins la vieilleſſe de ce Pere. Auprès de ce lit étoit comme au pied d' une croix, une Mere de douleurs; ſon Fils la voit & jette en vain des yeux mourans ſur tout ce qui l' entoure, il ne voit que Dieu à qui il puiſſe recommander cette ame déſolée. Plus près étoit ſans ceſſe la bien-aimée de LOUIS; Epouſe tendre, femme forte, elle veut lui cacher ſa douleur; mais il la lit dans ſon ame, gravée par la main du deſeſpoir. Ah! Meſſieurs, ſi des nœuds preſqu'auſſitôt rompus que formés couterent tant autrefois à ce Prince, quel déchirement pour ſon ame à la ſeule penſée de la ſéparation de deux cœurs faits pour s' aimer, nès pour vivre & mourir enſemble: il vous voyoit continuellement, quoique dans le lointain, chers fruits de l'hymen le plus doux ; vous aviez fait jusqu'alors ses délices, vous commençâtes à faire son tourment. Quelle inquiétude, Messieurs, pour un Pere qui ne sçait pas, hélas ! ce que deviendroient cinq tendres rejettons, si un souffle de la colere de Dieu, mettant le comble à nos malheurs, venoit renverser l'appui sur lequel ces jeunes arbrisseaux se fondent. Chers enfans de LOUIS, lorsque vous arrosiez son cercueil de vos touchanres larmes, un sentiment intérieur vous avertissoit sans doute de la perte que vous avez faite ; puisse-t-elle se borner là ! puissent vos pleurs innocens fléchir le ciel irrité, se changer en une source de bénédictions pour votre auguste Ayeul & devenir pour votre accroissement une rosée céleste. L'amour filial & l'amour paternel, joints à celui de l'hymenée, n'avoient pas épuisé toute la sensibilité de LOUIS ; son ame en conservoit pour ſes Sœurs & pour ſes amis. Ah! s'il éprouva dans ce moment combien il eſt doux d'être aimé, il dût ſentir ce qu'il en coute pour ſe ſéparer de ceux qu'on aime : que ſes adieux furent touchans, & qu'il les fit payer cher aux cœurs de ceux qui les reçurent! Il les raſſemble tous autour de lui; à leur abord ſon amé vient, pour ainſi dire, ſur ſes lévres; & avec cette aménité que les ſouffrances n'ont jamais altérée, il les remercie de leur attachement, il les prie de le pardonner, comme s'il avoit pû les offenſer, & de ſe ſouvenir de lui, comme s'il pouvoit craindre qu'ils l'oubliaſſent. Sa voix mourante ne ſuffiſoit pas à ſon ame pour exprimer ſes ſentimens, puiſqu'il appelle à ſon ſecours un autre organe; ſa main à demi ſéchée prend celle d'un ami, & la ſerrant étroitement contre ſon cœur, il lui montre la place qu'il y a toujours occupée : vous n'êtes *jamais ſorti de ce cœur*, lui dit-il. Il voulut auſſi vous voir pluſieurs fois, comme Ami & comme Pasteur, respectable Pontife; mais malgré l'excellence de votre ame, vous ne dûtes pas couter de combat à la sienne; sa fermeté ne pouvoit que se fortifier au souvenir de la vôtre, qu'il a toujours aimée. Telles étoient, Messieurs, les forces avec lesquelles la mort attaquoit l'intrépidité de notre Héros. D'intelligence avec les sentimens de la nature, elles auroient pu jetter du trouble dans son cœur, si la Religion n'en eût sanctifié depuis long-tems toutes les affections: ainsi, LOUIS, environné d'ennemis si redoutables, en triomphe par un seul regard vers le ciel. Ah! Romains, il faut avoir vécu bien saintement, pour contempler avec cette tranquillité les appareils de la mort. Il faut qu'une confiance, qui n'est point présomptueuse dans les Saints, fasse entendre dans ce moment à ces ames privilégiées, ces paroles consolantes: * *Regardez en haut*

* *Respicite & levate capita vestra, quoniam appropinquet redemptio vestra*, Luc. 21. 28.

& levez la tete, parce que votre redemption approche.

Celle de LOUIS n'est pas loin, tout l'en avertit, rien ne le lui dissimule: déja il ne peut plus s'attendrir, qu'en ne voyant pas auprès de lui les objets de sa tendresse; déja la pâleur des visages ne peint à ses yeux que les images de la mort; le silence d'un grand Palais ne lui laissa entendre que les soupirs qu'elle cause; les secours de l'art cessent, les prières redoublent, le Ministre * pleure en les récitant: pleurez sur vous & non sur moi, auroit-il pû lui dire, & ne craignez pas d'inviter mon ame à se séparer de mon corps. Eh! pourquoi auriez-vous été effrayé de ce touchant langage de l'Eglise, ô mon Prince! qui mieux que vous pouvoit dire, comme ce Solitaire: *Courage mon ame, que craignez-vous? vous avez servi Dieu toute votre vie*, non dans une solitude, mais, ce qui est bien plus merveilleux, au milieu d'une Cour. Le moment de cette sépara-

* Le Grand Aumonier de France.

tion approche ; LOUIS l'attendoit pour donner à la patrie une derniére marque de ſon amour. Son ame tendre & généreuſe s'éleve ſur les débris de ſon corps, & ramaſſant toute la force de ſes organes, ſes yeux obſcurcis cherchent le ciel, ſes bras appéſantis ſe levent vers lui, & ſa voix éteinte veut s'en faire entendre, pour que le Dieu de nos peres répande ſur ce Royaume ſes plus abondantes bénédictions. O Patrie ! quels crimes avez-vous donc commis, pour que le Seigneur dans ſa colere vous ait enlevé un tel ami, un tel ſoutien ? Il reſtoit encore à LOUIS un devoir à remplir il eût voulu bénir ſes enfans à la maniére des Patriarches, & eût déſiré, à l'exemple du plus glorieux * de ſes Ayeux, faire germer dans ces jeunes cœurs ſes inſtructions en les arroſant de larmes de tendreſſe ; mais craignant pour eux & pour lui ce ſpectacle, il en confie le ſoin à celui qui eſt chargé de leur éducation.

* Louis XIV.

Il le fait venir, & d'une voix aussi expirante d'amour que de souffrance, il lui dit : *Ne cessez d'inspirer à mes Fils la crainte de Dieu, l'observation de ses saints Commandemens, une entiere obeissance au Roi, & tous les sentimens de tendresse, de reconnoissance & de soumission qu'ils doivent à leur respectable Mere* ; ainsi par ces paroles mêlées avec ses derniers soupirs, il rend un dernier hommage à Dieu, à l'Eglise, au trône, à la nature, & il expire.

Il n'est donc plus ce cher objet de nos vœux & de nos délices; quel spectacle, Messieurs! quels mouvemens! jour de trouble & de confusion! Les uns fuyent d'horreur, la douleur rend les autres immobiles ; le courtisan oublie sa fierté, pour mêler ses larmes à celles du serviteur ; le Prêtre inonde des siennes l'autel & l'offrande; & le Monarque, importuné de son rang, en descend pour pleurer au milieu de ses Sujets. Un rayon de lumière semble être sorti du cercueil de LOUIS, pour éclairer ſubitement tous les eſprits, ſur la perte que chacun a faite ; les Princes ſes Fils, quoiqu'enfans, en ſentent la grandeur, & la rendent encore plus ſenſible aux autres ; leur tendre Mere tombe ſans vie ; leur auguſte Ayeule fait trembler pour ſes jours ; & le Roi, rappellant en vain toute ſa force, pour veiller à la conſervation de deux têtes ſi cheres, ſe plaint lui-même de ne pouvoir pas mourir. Tout eſt ici, Meſſieurs, l'image & l'expreſſion du deſeſpoir. Le Palais de nos Rois n'eſt plus qu'un triſte mauſolée : ce ſéjour des plaiſirs eſt changé en un lieu de douleur ; c'eſt à la lueur des flambeaux lugubres qu'on l'apperçoit ; les larmes en traçent la route, & l'on n'y trouve que la mort. Aux cris d'allegreſſe que la préſence de nos Maîtres excitoit, ont ſuccedé des cris lamentables : on croiroit être dans *Rama*. La forêt de Fontainebleau ne retentit plus de ſons bruyans, & le ſilence de ces bois n'eſt troublé que par des gémiſſemens. On n'entend par-tout que pleurs & ſanglots; ils ſe communiquent bientôt d'une Province à l'autre, & s'y trouvant trop reſſerrés, ils s'étendent au loin, & rempliſſent de deuil tout l'hémiſphère. on diroit que la nature attriſtée leur a prêté le ſecours des échos pour les répandre dans toute l'Europe, & le vent, ſes aîles, pour les faire paſſer plus vîte au-delà des mers. Quel ſpectacle encore une fois, Meſſieurs! le pauvre pleure un pere, le malheureux un appui, le ſoldat un héros, la nobleſſe un chef, la vertu un modéle, l'humanité un ami, la patrie un citoyen, le trône ſon héritier, la Religion ſon protecteur, l'Egliſe ſon enfant. Tous les cœurs ſont plongés dans la douleur la plus profonde; tous, Meſſieurs, ſans diſtinction d'âge ni de perſonne. un vaſte Empire eſt en deuil! Les rivaux même de la Nation françoiſe le partagent & ſemblent lui envier la gloire de le porter. Que cette douleur univerſelle eſt éloquente! un Prince qui a toujours mené une vie cachée, qui ne s'étoit fait ni courtisans par son crédit, ni partisans par ses intrigues, ni amis par ses largesses; un Prince, dont la grande modestie jettoit un voile si épais sur ses vertus & sur ses talens, qu'il a fallu qu'il mourût pour que la Nation connût combien il méritoit de vivre. Ce Prince est regretté de tous les peuples, comme s'il avoit déja fait la félicité & la gloire publique. Ils le pleurent comme un autre Machabée, & ils disent dans leur douleur, *comment cet homme fort est-il tombé?* Ah! Messieurs, que la vertu a de droits sur nos cœurs. Ses attraits sont si puissans, que si nous ne lui rendons pas l'hommage qui lui est dû, elle nous l'arrache; mais ce n'est pas par des larmes qu'elle veut être louée : toute foiblesse lui déplaît. Imitons donc LOUIS dans la fermeté qu'il a montrée; mettons comme lui notre confiance dans l'Auteur de toute consolation, & les terribles effets de sa colere ſe changeront pour nous en des fruits de bénédictions. *

„ Ayez pitié de nous, ô Dieu, Sei-
„ gneur de toute choſe; regardez nous
„ favorablement, & faites-nous voir la
„ lumière de vos miſéricordes. Renou-
„ vellez vos prodiges, opérez des mi-
„ racles qui n'ayent point encore été
„ vus; glorifiez votre main & votre bras
„ droit; preſſez le tems, hâtez la fin
„ pour que les hommes puiſſent publier
„ vos merveilles. Raſſemblez toutes les
„ Tribus de Jacob, afin qu'ils connoiſ-
„ ſent qu'il n'y a pas d'autre Dieu que
„ vous, & qu'ils deviennent votre hé-
„ ritage comme ils l'ont été dès le com-

* *Miſerere noſtri Deus omnium, reſpice nos & oſtende nobis lucem miſerationum tuarum . . . innova ſigna, & immuta mirabilia glorifica manum & brachium dextrum: feſtina tempus, & memento finis ut enarrent mirabilia tua . . . . Congrega omnes Tribus Jacob ut cognoſcant quià non eſt niſi tu . . . . Et hereditabis eos ſicùt ab initio . . . . . Miſerere plebi tuæ & Iſrael quem coæquaſti primogenito tuo . . . . . Reple Sion innumerabilibus verbis tuis . . . . Da teſtimonium his qui ab initio creaturæ ſunt & ſuſcita prædicationes quas locuti ſunt in nomine tuo Prophetæ priores; da mercedem ſuſtinentibus te & exaudi orationes ſervorum tuorum.* Eccleſ. cap. XXXVI. v. 1. & ſeq.

„ mencement de *cette Monarchie*. Ayez
„ pitié de votre Peuple & d'Iſraël que
„ vous avez traité comme votre fils aîné.
„ Rempliſſez Sion de la vérité de vos
„ paroles ineffables. Rendez témoigna-
„ ge à ceux qui vous ont été fidéles dès
„ le commencement, & vérifiez les pré-
„ dictions que les anciens Prophêtes ont
„ prononcé en votre nom; récompen-
„ ſez ceux qui vous ont attendu long-
„ tems ; exaucez , ô mon Dieu ! les
„ prières de vos ſerviteurs. „ Vous nous avez enlevé un Prince ſelon votre cœur, conſervez-nous ſes enfans, couvrez-les de vos aîles, & donnez leur votre eſprit. Que l'héritier de LOUIS croiſſe en ſageſſe, au ſouvenir des vertus de ſon Pere, & à l'ombre des conſeils de ſa Mere. Etendez ſur cette Héroine le bras droit de votre protection. Rendez tout ſon courage à cette femme forte, afin qu'elle puiſſe dire en tout tems à ce cher enfant : *Mon Fils, regardez le ciel*, du

* Machab. 2. chap. 7.

haut duquel votre Pere vous obſerve. Raſſurez nos cœurs, ô mon Dieu ! en prenant ſoin des jours de la Reine, & conſolez cette *Rachel* dont la pieté & la douleur doivent vous être ſi agréables. Rapprochez-vous de nous à la prière de ces *Maries* deſolées, qui vous diſent par leurs pleurs, *ſi vous aviez été ici, notre frere ne ſeroit pas mort.* Mais ſurtout conſervez notre Roi ; ajoutez à ſes jours ceux que vous avez retranché de la vie de ſon Fils ; couronnez le de bénédiction & de gloire, afin qu'après avoir frémi des effets de votre juſtice, nous chantions tous vos miſéricordes.

Joignez vos prières aux nôtres, ame bienheureuſe, qui jouiſſez déja du bonheur après lequel vous avez toujours ſoupiré ; veillez du haut de la gloire ſur ce Royaume que vous avez tant aimé. Vous voyez nos beſoins & nos allarmes, détachez-vous du ſein d'Abraham pour venir étancher notre ſoif ; & faites qu'une partie du ſang de l'Agneau, qui a coulé de toute part pour vous ouvrir les portes éternelles, tombe ſur celle du Palais de nos Rois, afin qu'à ce ſigne l'Ange Exterminateur épargne les précieuſes têtes qui nous reſtent.

Et vous, François, qui vous êtes honorés par votre douleur, ne deshonorez pas plus long-tems les cendres de LOUIS par votre foibleſſe. C'eſt aſſez ſouiller ſon tombeau par des larmes, répandez-y plutôt des fleurs, pour les victoires que ce Héros Chrétien a remporté ſur les erreurs & les vices du ſiécle. France, conſole-toi, c'eſt Rome qui t'y invite; LOUIS n'eſt pas perdu pour toi. Il étoit ton eſpérance ſur la terre, il ſera ton appui dans le ciel.

FIN.

REIMPRIMATUR,

Si videbitur Reverendissimo Patri Magistro Sacri Palatii Apostolici.

D. J. Archiep. Nicomed. Vicesg.

REIMPRIMATUR.

Fr. Thomas Augustinus Ricchinius Ordinis Prædicatorum, Sacri Palatii Apostolici Magister.

www.ingramcontent.com/pod-product-compliance
Ingram Content Group UK Ltd.
Pitfield, Milton Keynes, MK11 3LW, UK
UKHW020401230726
13925UKWH00003B/1213